I Love Walking in Water

English and Spanish

Written by
Angel Arredondo

Illustrated by
Deb Johnson

Halo
PUBLISHING
INTERNATIONAL

ISBN: 978-1-63765-231-2
LCCN: 2022907196

Halo
PUBLISHING
INTERNATIONAL

Halo Publishing International, LLC
www.halopublishing.com

Printed and bound in the United States of America

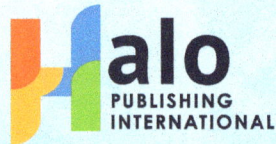

To my loving brothers, Trey and Charlie. I adore you.
May you be as free in heaven as you were as children.

A mis amados hermanos, Trey y Charlie. Los adoro.
Que seáis libres en el cielo como lo erais de niños.

My favorite thing to do in the summertime is go to the pool with my friends. I can be out of my wheelchair and play in the cool blue water. I love walking in water!

I get to wear my favorite green swimsuit with tiny sparkles all over it. My mom helps me get into the water and watches me play.

Lo que más me gusta hacer en verano es ir a la piscina con mis amigos. Puedo estar fuera de mi silla de ruedas y jugar en el agua azul fresca. ¡Me encanta caminar en el agua!

Puedo usar mi traje de baño verde favorito con pequeños destellos por todas partes. Mi mamá me ayuda a meterme al agua y me mira jugar.

While I am in the pool, my wheelchair holds my towel and swim toys. My floaties help me feel like I can walk all on my own. Floating and walking on my tiptoes is so much fun!

Walking in the water is so easy for me. I can move around fast or slow. Standing helps me stretch my legs. It makes me feel very tall!

Mientras estoy en la piscina, mi silla de ruedas sostiene mi toalla y juguetes para nadar. Mis flotadores me ayudan a sentir que puedo caminar sola. ¡Flotar y caminar de puntillas es muy divertido!

Caminar en el agua es muy fácil para mí. Puedo moverme rápido o lento. Estar de pie me ayuda a estirar las piernas. ¡Me hace sentir muy alta!

I like to float on my back to swim. It feels so good to move around without my wheelchair. Swimming across the pool is very good exercise for me. Stretching my arms and kicking my legs is so much fun!

My friends come and play with me. They like to see how tall I am while I stand in the pool. We are almost the same size!

Me gusta flotar boca arriba para nadar. Se siente tan bien moverse sin mi silla de ruedas. Nadar en la piscina es un muy buen ejercicio para mí. ¡Estirar los brazos y patear las piernas es muy divertido!

Mis amigos vienen y juegan conmigo. Les gusta ver qué tan alta soy mientras estoy parado en la piscina. ¡Somos casi del mismo tamaño!

We like to be silly and swim after each other. They laugh as I try to catch them. Sometimes I can!

My friends take turns holding me when we go to the deeper end of the pool. They like teaching me to swim so I can be as good as they are. I love my friends!

Nos gusta hacer el tonto y nadar unos detrás de otros. Se ríen mientras trato de atraparlos. ¡A veces puedo!

Mis amigos se turnan para abrazarme cuando vamos al lado más profundo de la piscina. Les gusta enseñarme a nadar para que pueda ser tan bueno como ellos. ¡Quiero a mis amigos!

It is so much fun when they throw me in the air. I can go so high.

They all try to catch me. Sometimes they miss, and I pop up out of the water all by myself. They are so surprised!

Es muy divertido cuando me tiran por los aires. Puedo ir tan alto.

Todos tratan de atraparme. A veces fallan y salgo del agua yo sola. ¡Están tan sorprendidos!

During our break from the pool, we sit on towels to enjoy our snacks and juice boxes together. We like spending time with each other. My friends are the best helpers!

Durante nuestro descanso en la piscina, nos sentamos en toallas para disfrutar juntos de nuestros bocadillos y cajas de jugo. Nos gusta pasar tiempo con los demás. ¡Mis amigos son los mejores ayudantes!

2 FT

The lifeguard blows the whistle, and all my friends jump back into the water. When I get too tired from swimming and walking, I sit on the edge of the pool with my ball, and we begin to play.

I can hit it far, and they swim fast to catch it. They are so funny to watch as they all go under the water to get the ball first. My friends are so much fun!

El socorrista hace sonar el silbato y todos mis amigos saltan de nuevo en el agua. Cuando me canso demasiado de nadar y caminar, me siento en el borde de la piscina con mi pelota y empezamos a jugar.

Puedo golpearla lejos y ellos nadan rápido para atraparlo. Son muy divertidos de ver, ya que todos se sumergen en el agua para obtener la pelota primero. ¡Mis amigos son muy divertidos!

Sometimes I get back in the pool to dive deep for swim toys. But I like throwing the toys because my friends can dive deeper than I can. They like all the different ways we are able to play.

A veces vuelvo a la piscina para sumergirme profundamente en busca de juguetes para nadar. Pero me gusta tirar los juguetes porque mis amigos pueden sumergirse más profundo que yo. Les gustan todas las diferentes formas en que podemos jugar.

When pool time is over, my mom wraps me in my towel to dry off. She lifts me back up onto my wheelchair so we can go home. I like playtime in the pool very much!

Cuando termina la hora de la piscina, mi mamá me envuelve en mi toalla para secarme. Ella me levanta de nuevo en mi silla de ruedas para que podamos ir a casa. ¡Me gusta mucho jugar en la piscina!

My friends always play with me. We have fun all the time. Even when I am not in my wheelchair, we play together. Summertime is always fun for me because I go to the pool every day with my friends. My wheelchair and the pool are very special to me. With both, I can do what my friends can do. I love walking in water!

Mis amigos siempre juegan conmigo. Nos divertimos todo el tiempo. Incluso cuando no estoy en mi silla de ruedas, jugamos juntos. El verano siempre es divertido para mí porque voy a la piscina todos los días con mis amigos. Mi silla de ruedas y la piscina son muy especiales para mí. Con ambos, puedo hacer lo que mis amigos pueden hacer. ¡Me encanta caminar en el agua!

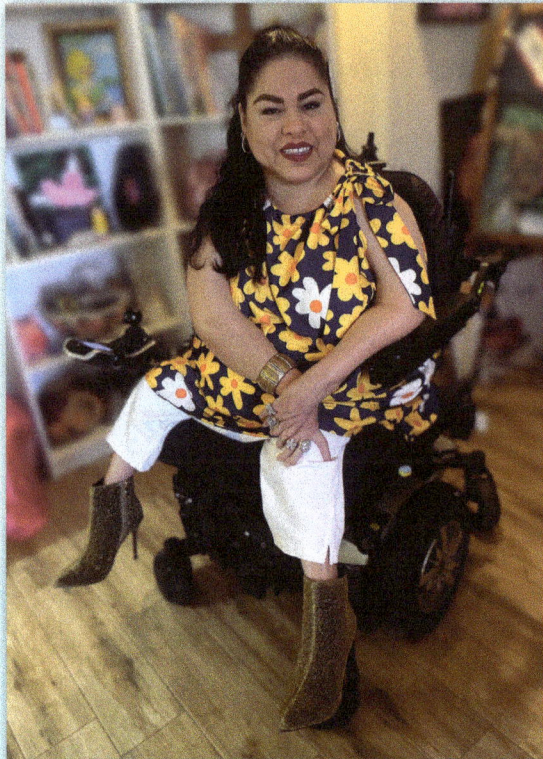

Angel Arredondo was born with a rare condition called arthrogryposis multiplex congenita. She is a wife and mother. Angel has overcome many obstacles that most people, considering her limitations, would consider far too difficult.

At this time, Angel is president of the Ms. Wheelchair Texas Foundation and served as its titleholder in 2018. She is a very active advocate for the rights of the disabled, a keynote speaker, an inclusion model for PhotoAbility, and a past member of an advisory committee for women with pelvic and reproductive issues.

I Love Walking in Water is the remembrance of a little girl's experiences in finding mobility, inclusion, and accessibility in childhood pastimes. Join Angel's journey by reading the first story, *I Love My Red Wagon*, her *Angel's Heart* series, which chronicles her experiences as a child coping with a disability. Like the water, the red wagon provided freedom in mobility.

Angel has dedicated her life to being a voice of self-acceptance and empowerment. She is an inspiration for many. Her message to all wheelchair users is: We are unlimited. We can do anything and everything. Our wheels just get us there faster.

Angel Arredondo nació con una rara condición llamada Artrogriposis Múltiple Congénita. Es esposa y madre. Angel ha superado muchos obstáculos que la mayoría de la gente consideraría demasiado difíciles teniendo en cuenta sus limitaciones.

En este momento, Angel es presidenta de la Fundación Ms. Wheelchair Texas y se desempeñó como titular en 2018. Ha sido una defensora muy activa de los derechos de las personas con discapacidad, oradora principal y modelo de inclusión para photoability.net, y fue miembro de un comité asesor de mujeres con discapacidad en su salud pélvica y reproductiva.

"Me Encanta Caminar en el Agua" es una continuación de la experiencia de una niña pequeña para encontrar movilidad, inclusión y accesibilidad en los pasatiempos de la infancia. Únase al viaje de Angel leyendo la primera historia, *Amo Mi Vagón Rojo*, de su serie *Corazón de Angel*, que aborda sus experiencias como niña que vive con una discapacidad. Como el vagón rojo, el agua proporcionaba libertad en la movilidad. El trabajo de su vida ha sido una voz de autoaceptación y empoderamiento.

Una cosa de la que Angel está segura acerca de sí misma y de otros usuarios de sillas de ruedas es: "Somos ilimitados. Podemos hacer cualquier cosa y todo. Nuestras ruedas nos llevan allí más rápido".

www.ingramcontent.com/pod-product-compliance
Lightning Source LLC
Chambersburg PA
CBHW061413090426
42741CB00023B/3498